Un livre de la collection
Les racines de Crabtree

LES ENSEIGNANTS

DOUGLAS BENDER

Les gens que je rencontre

CRABTREE
Publishing Company
www.crabtreebooks.com

Soutien de l'école à la maison pour les parents, les gardiens et les enseignants

Ce livre aide les enfants à se développer grâce à la pratique de la lecture. Voici quelques exemples de questions pour aider le lecteur ou la lectrice à développer ses capacités de compréhension. Les suggestions de réponses sont indiquées en rouge.

Avant la lecture

- De quoi ce livre parle-t-il?
    - *Ce livre parle des enseignants.*
    - *Ce livre parle de ce que fait un enseignant au travail.*

- Qu'est-ce que je veux apprendre sur ce sujet?
    - *Je veux savoir où travaille un enseignant.*
    - *Je veux savoir ce que fait un enseignant.*

Pendant la lecture

- Je me demande pourquoi...
    - *Je me demande pourquoi certaines personnes deviennent des enseignants.*
    - *Je me demande pourquoi les enseignants utilisent des tableaux.*

- Qu'est-ce que j'ai appris jusqu'à présent?
    - *J'ai appris que certains enseignants travaillent dans les classes.*
    - *J'ai appris que les enseignants aident les gens à apprendre.*

Après la lecture

- Nomme quelques détails que tu as retenus.
    - *J'ai appris que les enseignants peuvent enseigner de nombreux sujets.*
    - *J'ai appris que les enseignants n'enseignent pas tous dans les classes.*

- Lis le livre à nouveau et cherche les mots de vocabulaire.
    - *Je vois le mot **classe** à la page 6 et le mot **tableau** à la page 8. Les autres mots de vocabulaire se trouvent à la page 14.*

Voici un **enseignant**.

L’enseignante aide les gens.

Cet enseignant est dans une **classe**.

abcdefgh

L’enseignante écrit au **tableau**.

1 2 3 4 5 6 7 8 9 10

L'enseignante est assise au **bureau**.

Connais-tu un enseignant ou une enseignante?

Liste de mots

Mots courants

au	enseignant	tu
cet	est	un
dans	gens	une

La boîte à mots

bureau

classe

enseignant

tableau

28 mots

Voici un **enseignant**.

L'enseignante aide les gens.

Cet enseignant est dans une **classe**.

L'enseignante écrit au **tableau**.

L'enseignante est assise au **bureau**.

Connais-tu un enseignant ou une enseignante?

CRABTREE
Publishing Company

Auteur : Douglas Bender
Conception : Rhea Wallace
Développement de la série :
James Earley
Correctrice : Janine Deschenes
Conseils pédagogiques :
Marie Lemke M.Ed.
Traduction : Annie Evearts
Coordinatrice à l'impression :
Katherine Berti
Références photographiques :
Shutterstock : ESB Professional : couverture; michaeljung : p. 1, 3, 14; wavebreakmedia : p. 5; Monkey Business Images : p. 7, 13, 14; Evgeniy Kalinovskiy : p. 9, 14; Szasz-Fabian Illka Erikca : p. 10-11, 14

Les gens que je rencontre

LES ENSEIGNANTS

La forme masculine est utlilisée dans cet ouvrage uniquement dans le but d'en alléger la forme et d'en faciliter la lecture.

Crabtree Publishing Company
www.crabtreebooks.com 1-800-387-7650

Publié aux États-Unis
Crabtree Publishing
347 Fifth Avenue
Suite 1402-145
New York, NY, 10016

Publié au Canada
Crabtree Publishing
616 Welland Ave.
St. Catharines, Ontario
L2M 5V6

Imprimé au Canada/102021/CPC

Catalogage avant publication de Bibliothèque et Archives Canada

Titre: Les enseignants / Douglas Bender ; texte français d'Annie Evearts.
Autres titres: Teacher. Français.
Noms: Bender, Douglas, auteur.
Description: Mention de collection: Les gens que je rencontre | Les racines de Crabtree | Traduction de : Teacher. | Comprend un index.
Identifiants: Canadiana (livre imprimé) 20210272031 | Canadiana (livre numérique) 20210272058 | ISBN 9781039606463 (couverture souple) | ISBN 9781039606524 (HTML) | ISBN 9781039606586 (EPUB) | ISBN 9781039606647 (livre numérique avec narration)
Vedettes-matière: RVM: Enseignants—Ouvrages pour la jeunesse. | RVMGF: Documents pour la jeunesse.
Classification: LCC LB1775 .B4614 2022 | CDD j371.1—dc23